Campos Formativos

y áreas de desarrollo personal y social

Preescolar 2

LAROUSSE

Dirección editorial: Tomás García Cerezo
Coordinación de contenidos: Yanitza Pérez y Pérez
Contenido: Maricela Torrejón Becerril, Yanitza Pérez y Pérez
Diseño y formación: Rocío Caso Bulnes
Coordinación gráfica: Mónica Godínez Silva
Asistencia de coordinación gráfica: Marco A. Rosas Aguilar,
Rubén Vite Maya
Ilustración: Digital Stuff, Armando Alvarado, Cristina Anguiano
Diseño de portada: Ediciones Larousse S.A. de C.V.
con la colaboración de Nice Montaño Kunze
Revisión técnica y preprensa: Federico Medina Ordóñez

© 2018 Ediciones Larousse, S.A. de C.V.
        Renacimiento 180, Col. San Juan Tlihuaca,
        Alcaldía Azcapotzalco, C.P. 02400, Ciudad de México

ISBN: 978-607-21-1889-8
ISBN Colección: 978-607-21-1887-4

Primera edición - Primera reimpresión

Impreso en México – *Printed in Mexico*

Esta obra se terminó de imprimir en enero de 2024
en los talleres de Litográfica Ingramex, S.A. de C.V.
Centeno 162-1, Col. Granjas Esmeralda,
C.P. 09810 México, Ciudad de México

En Hachette Livre México usamos
materias primas de procedencia
100% sustentable

Presentación

Esta serie está diseñada para acompañar a los niños en la etapa preescolar tomando en cuenta los tres **Campos de formación académica** señalados en el Programa de Educación Preescolar: *Lenguaje y comunicación, Pensamiento matemático* y *Exploración y comprensión del mundo natural y social*; así como también las tres **Áreas de desarrollo personal y social:** *Artes y expresión artística, Educación socioemocional* y *Educación física.*

Se realizó con el propósito de apoyar y facilitar la labor docente y educativa tanto de los educadores como de los padres de familia.

En cada página se ponen los indicadores de logro esperados para el área de educación socioemocional y los aprendizajes esperados para las demás áreas y los campos de formación académica.

El contenido de cada ejercicio fue realizado con base en los intereses de los niños de esta edad así como en sus capacidades. Los ejercicios contienen temas atractivos para el niño con instrucciones sencillas y claras para que el adulto que lo acompaña le explique cómo realizarlo. Se alternan diferentes tipos de ejercicios que evitan la monotonía y crea una expectativa sobre el ejercicio que sigue. El tamaño y el diseño de las ilustraciones son acordes a las diferentes edades de los niños y favorecen la ejecución de las actividades que se proponen.

Al trabajar los ejercicios, el niño podrá desarrollar además habilidades preceptuales, visomotoras, de lenguaje, de lógica matemática y de ampliación del vocabulario.

Sugerencias para trabajarlo:

- Busque un lugar con suficiente luz y ventilado. Si no cuenta con luz natural se recomienda poner una lámpara del lado contrario al que escribe el niño.

- Trabaje en una mesa despejada para favorecer una buena postura en el niño y lograr una mejor ejecución del ejercicio.

- Evite trabajar el libro si el niño está cansado.

- Anime al niño en sus esfuerzos y felicítelo de manera objetiva por el trabajo realizado.

- Lea al niño la instrucción y pregúntele qué tiene que hacer y dele tiempo para reflexionar y lograr por sí mismo el objetivo. Si el niño ya inicia la lectura promueva que él lea y sólo aclare sus dudas.

- Verifique que el niño tome el lápiz de manera adecuada.

- Cuide que la dirección de los trazos se realice correctamente (izquierda a derecha y de arriba abajo).

- Proporcione al niño el material necesario, en buen estado y ya dispuesto en el lugar de trabajo antes de empezar para evitar distracciones.

- Para trabajar *Artes y Expresión artística* se sugiere tener a la mano los siguientes materiales: colores de madera, crayones, acuarelas, pincel, una revista para recortar, tijeras y pegamento.

¿Cómo te llamas? ¿Cuántos años tienes? ¿Cómo te sientes hoy?
Dibújate en el marco de abajo. Colorea el marco.

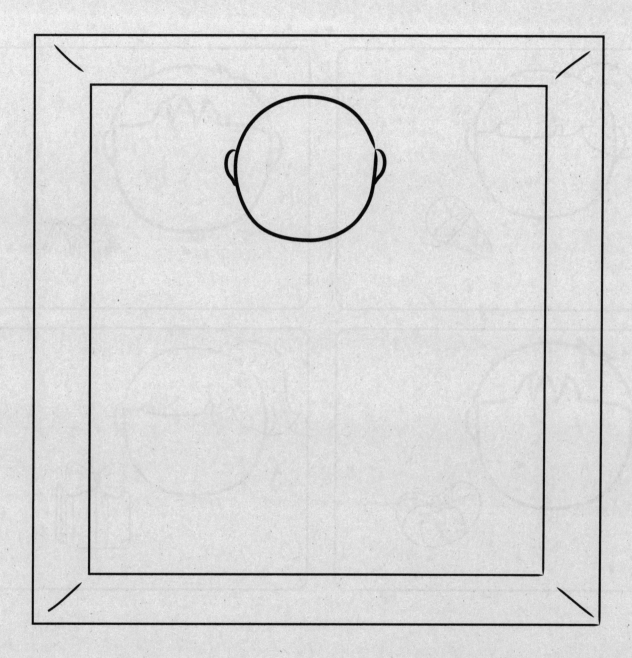

Indicadores de logro: Reconoce y expresa características personales: su nombre, cómo es físicamente.

Dibuja cada cara según lo que sientas ante un helado, una araña, un regalo y una pelota ponchada.

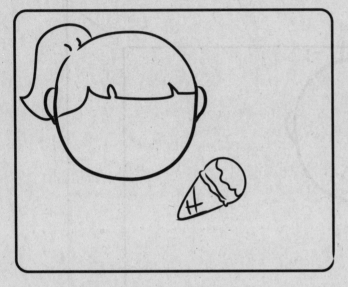

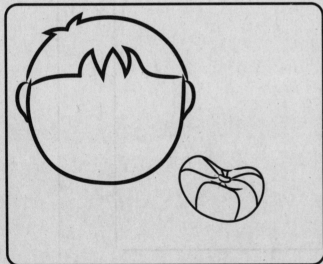

Indicadores de logro: Reconoce y nombra situaciones que le generan alegría, tristeza, miedo o enojo y expresa lo que siente.

Observa los dibujos y colorea los que representan acciones que realizas para tu aseo personal.

Indicadores de logro: Realiza por sí mismo acciones de cuidado personal.

¿Qué haces cuando alguien requiere ayuda? Colorea los dibujos en donde podrías ayudar a alguien.

Indicadores de logro: Reconoce cuando alguien necesita ayuda y la proporciona.

8

Indicadores de logro: Reconoce cuando alguien necesita ayuda y la proporciona.

9

Colorea las letras que usas para escribir tu nombre y después escríbelo en la línea.

Aa Bb Cc Dd

Ee Ff Gg Hh

Ii Jj Kk Ll

Mm Nn Oo Pp

Qq Rr Ss Tt

Uu Vv Ww

Xx Yy Zz

Mi nombre es: _____

Aprendizaje esperado: Escribe su nombre.

Pulgas es un perro que tiene unas orejas muy grandes y una cola muy pequeña. Dibújalo en el cuadro.

Aprendizaje esperado: Expresa gráficamente narraciones con recursos personales.

Lenguaje y comunicación

¿Sabes a qué se dedican estas personas? Relaciona con una línea el objeto que usa para trabajar y explica para qué lo usan.

Aprendizaje esperado: Menciona características de objetos y personas que conoce.

12

Aprende este trabalenguas y colorea a la pícara pájara.

La pícara pájara pica
en la típica jícara.
En la típica jícara pica
la pícara pájara.

Aprendizaje esperado: Dice trabalenguas.

Es muy divertido ir de día de campo. ¿A dónde has ido tú? Dibuja tres nubes y un sol radiante.

Aprendizaje esperado: Narra anécdotas, siguiendo la secuencia y el orden de las ideas, con entonación y volumen apropiado para hacerse escuchar y entender.

14

Une los dibujos que riman y después coloréalos.

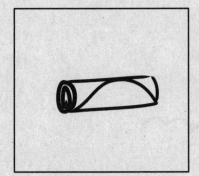

Aprendizaje esperado: Identifica la rima

Aprende la siguiente adivinanza y colorea la respuesta.

Vivo entre la flores,
vivo en la colmena,
fabrico allí la miel
y también la cera.

Aprendizaje esperado: Dice adivinanzas.

Colorea de azul el texto donde puedes saber más sobre las ballenas, y de rojo el que te informa sobre cuántos goles metió tu equipo favorito.

Aprendizaje esperado: Comenta e identifica algunas características de textos informativos.

17

Completa la narración dibujando lo que imagines. Al terminar, platica la historia a un adulto.

Había una vez un _____ muy grande.

Le encantaba comer:

Vivía en:

Y su mejor amigo era:

Aprendizaje esperado: Cuenta historias de invención propia y expresa gráficamente narraciones con recursos personales.

19

¿Conoces estos objetos? Nómbralos, explica para qué se utilizan y relaciónalos con los de la derecha de acuerdo con su uso.

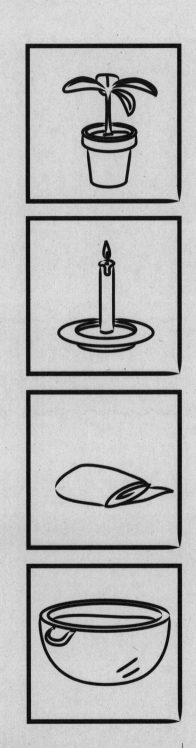

Aprendizaje esperado: Menciona características de objetos que conoce.

¿Conoces estos objetos? Nómbralos y explica para qué se utilizan, después colorea el lugar de tu casa donde los puedes encontrar.

Colorea del mismo color los dibujos que riman.

Aprendizaje esperado: Identifica la rima.

¿Has visto las mariposas volando entre las plantas y las flores? Colorea de azul las mariposas pequeñas.

Aprendizaje esperado: Identifica la longitud de varios objetos a través de la comparación directa.

En el mar hay muchos tipos de peces. Encierra en un círculo los peces grandes y coloréalos.

Aprendizaje esperado: Identifica la longitud de varios objetos a través de la comparación directa.

25

Éste es un oso grande. Colorea el peine, el cepillo y la crema que sean para su tamaño.

Aprendizaje esperado: Identifica la longitud de varios objetos a través de la comparación directa.

26

¿Cuántas razas de perros conoces? Colorea de color café los perros que tienen la cola larga y de color negro los perros con cola corta.

Aprendizaje esperado: Identifica la longitud de varios objetos a través de la comparación directa.

27

Colorea las gorras de los niños como se te indica.
La primera de color azul. La segunda de rojo y la tercera de rosa.

Aprendizaje esperado: Usa expresiones temporales.

Si hubiera una carrera de animales, ¿quién crees que llegaría en primer, en segundo y en tercer lugar? Explícale a un adulto tu respuesta.

Encierra en un círculo rojo el primer lugar, en un círculo verde el segundo lugar y en un círculo azul el tercer lugar.

Aprendizaje esperado: Usa expresiones temporales.

Pensamiento matemático

Colorea lo que debe ir adentro de la pecera.

Aprendizaje esperado: Ubica objetos a través de la interpretación de relaciones espaciales.

30

Encierra en un círculo lo que tiene que ir afuera de la casa.

Aprendizaje esperado: Ubica objetos a través de la interpretación de relaciones espaciales.

31

Pensamiento matemático

Colorea lo que debe ir adentro de la lonchera.

Aprendizaje esperado: Ubica objetos a través de la interpretación de relaciones espaciales.

Encierra en un círculo lo que se encuentra afuera de la escuela.

Aprendizaje esperado: Ubica objetos a través de la interpretación de relaciones espaciales.

33

En un estanque hay varios animales. Colorea donde haya más ranas.

Aprendizaje esperado: Compara colecciones con base en la cantidad de elementos.

34

Esta figura se llama círculo. Busca a tu alrededor 3 cosas que sean como esta figura.

Traza con colores el círculo punteado y también los globos. Coloréalos.

Aprendizaje esperado: Reproduce modelos con figuras geométricas.

Pensamiento matemático

En cada hilera colorea el dibujo que se encuentra en medio.

Aprendizaje esperado: Ubica objetos a través de la interpretación de relaciones espaciales.

36

¿Sabías que las ranas se comen a los mosquitos con sus largas lenguas? Encierra en un círculo donde haya menos insectos.

Los juncos son plantas que se encuentran en los estanques. Colorea donde haya más juncos.

Aprendizaje esperado: Compara colecciones con base en la cantidad de elementos.

38

En las ciudades hay muchos edificios. Colorea el edificio bajo.

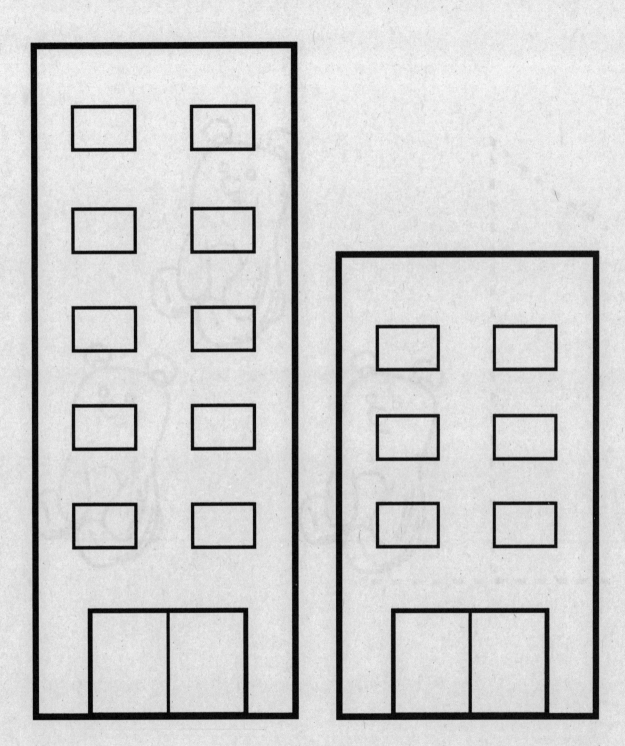

Aprendizaje esperado: Identifica la longitud de varios objetos a través de la comparación directa.

39

Traza el número 1 siguiendo la línea punteada. Encierra en un círculo donde hay un oso.

Aprendizaje esperado: Comunica de manera escrita los números.

Traza el número 2 siguiendo la línea punteada. Encierra en un círculo donde hay dos ruedas.

Aprendizaje esperado: Comunica de manera escrita los números.

Traza el número 3 siguiendo la línea punteada. Colorea 3 vagones del tren.

Traza el número 4 siguiendo la línea punteada. Encierra en un círculo el animal que tiene 4 patas.

Traza el número 5 siguiendo la línea punteada. Encierra en un círculo donde hay 5 dedos.

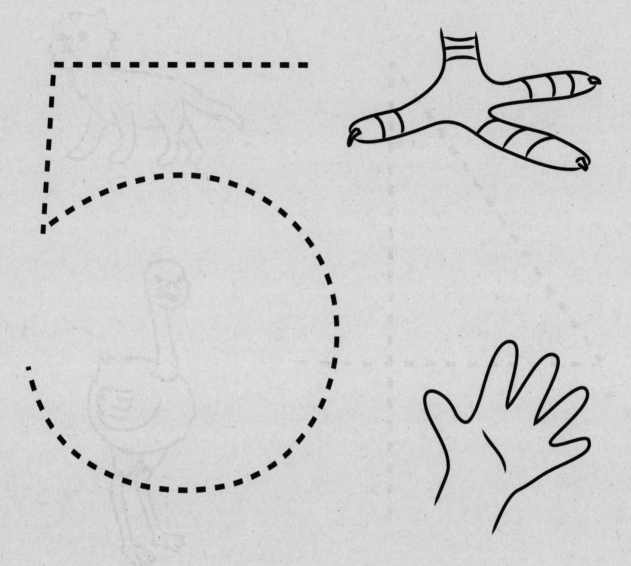

Traza el número 6 siguiendo la línea punteada. Colorea 6 estrellas.

Traza el número 7 siguiendo la línea punteada. Encierra en un círculo la rama donde hay 7 hojas.

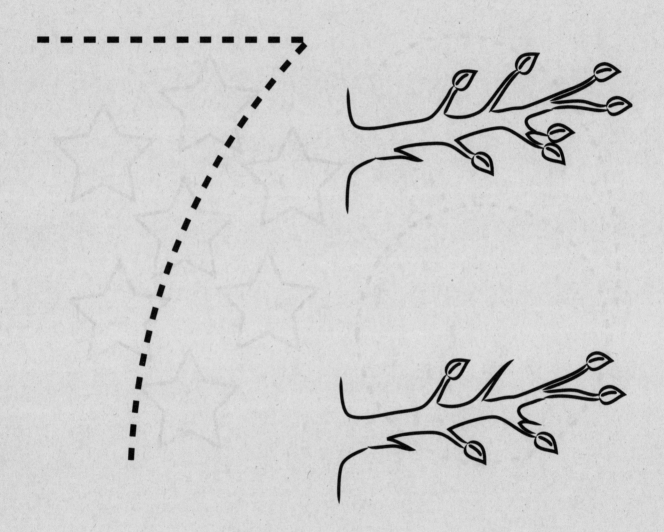

Traza el número 8 siguiendo la línea punteada. Colorea 8 esferas del arbolito.

Traza el número 9 siguiendo la línea punteada. Colorea de amarillo 9 rayos del sol.

Traza el número 10 siguiendo la línea punteada. Dibuja con diferentes colores 10 velitas al pastel.

Aprendizaje esperado: Comunica de manera escrita los números.

Esta figura se llama cuadrado. Busca a tu alrededor 3 cosas que sean como esta figura. Traza el cuadrado punteado y también las ventanas del edificio.

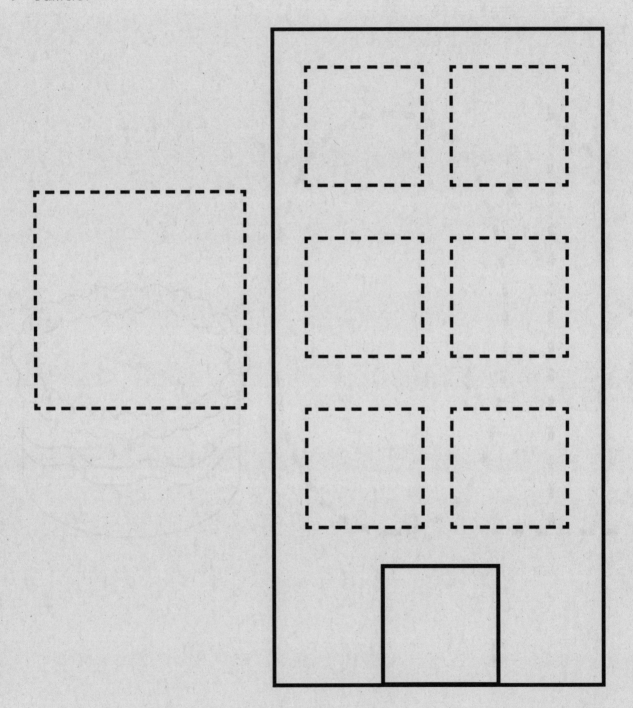

Esta figura se llama rectángulo. Busca a tu alrededor 3 cosas que sean como esta figura. Traza con colores el rectángulo punteado y también los libros. Coloréalos.

EL CAMPO

EL SOL

LA LUNA

LA FLOR

Colorea los dulces que son iguales al que se encuentra en el rectángulo, cuéntalos y escribe el número en el cuadro.

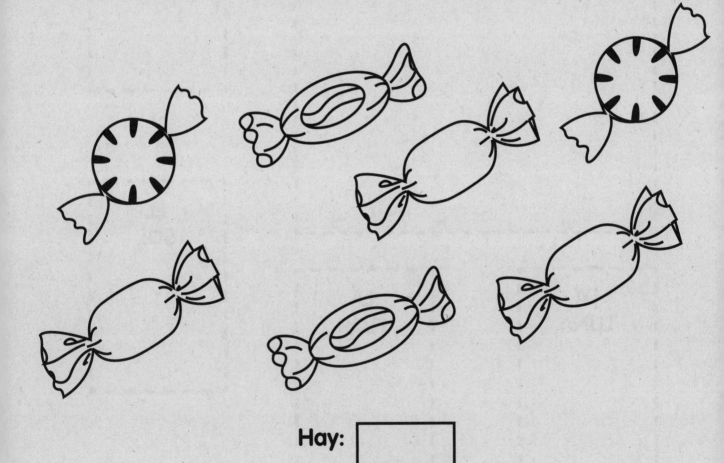

Hay:

Dibuja el mismo número de objetos en el rectángulo.

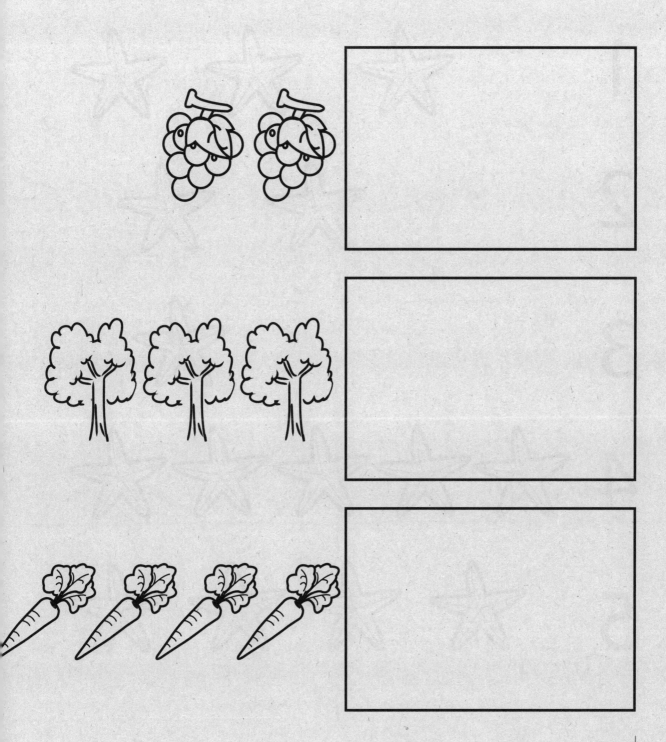

Aprendizaje esperado: Iguala colecciones con base en la cantidad de elementos.

53

Relaciona el número con la cantidad.

Colorea de verde la playera del primer niño, de azul la del segundo niño y de anaranjado la de la tercera niña.

Aprendizaje esperado: Usa expresiones temporales.

Resuelve las sumas.

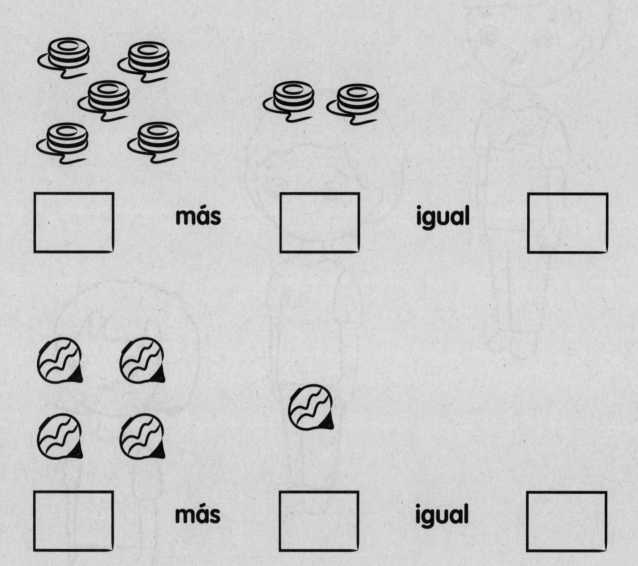

más [ ] igual [ ]

más [ ] igual [ ]

Resuelve la resta.

Si en el pasto hay 7 caracoles

Y 2 se subieron a una hoja

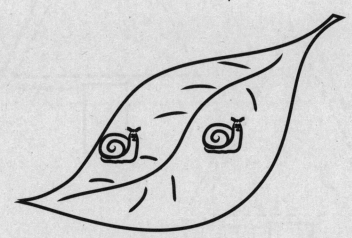

¿Cuántos caracoles quedaron en el pasto?

Esta figura se llama triángulo. Busca a tu alrededor 3 cosas que sean como esta figura. Traza con color verde los triángulos.

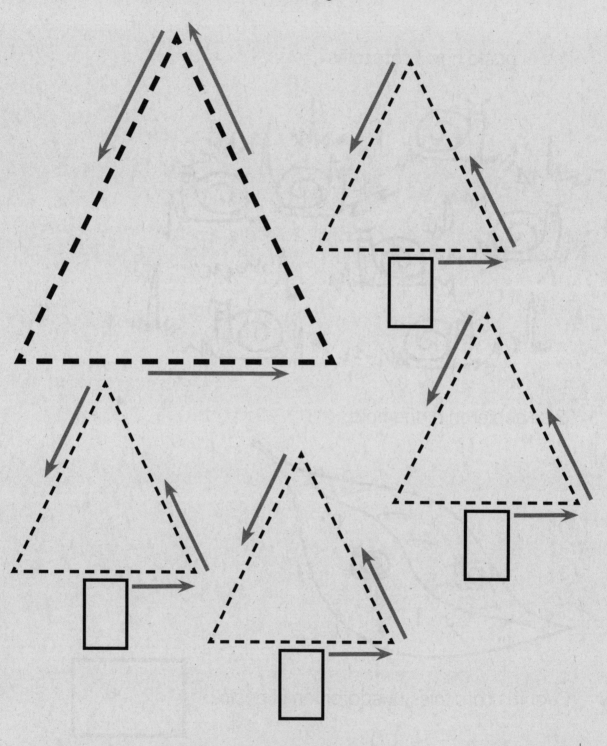

Colorea las flores como se te indica.
De rojo el conjunto de 2 flores, de verde el de 4 flores, amarillo el de 1 flor,
de azul el de 5 flores y de anaranjado el de 3 flores.

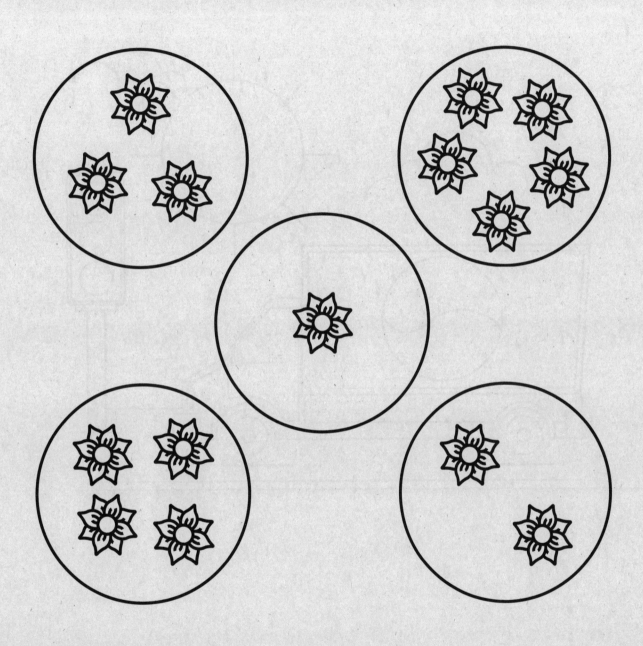

Encuentra los círculos que hay en este dibujo y trázalos.

Es bueno ahorrar dinero. Escribe en cada cuadro el número de monedas que se ahorran en cada alcancía.

Aprendizaje esperado: Identifica algunas relaciones de equivalencia en monedas de $1.

61

Colorea los objetos que se encuentran a la izquierda de la niña.

Aprendizaje esperado: Ubica objetos a través de la interpretación de relaciones espaciales.

Dibuja tres pelotas del lado derecho del niño.

Aprendizaje esperado: Ubica objetos a través de la interpretación de relaciones espaciales.

63

Pensamiento matemático

Escribe en el cuadro el número de animalitos del campo que veas. Coloréalos.

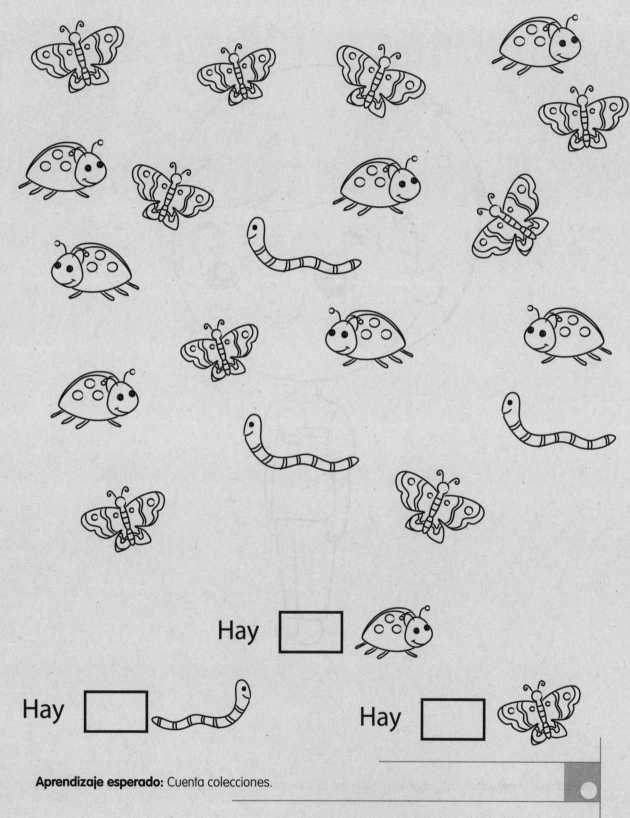

Hay ☐

Hay ☐

Hay ☐

Aprendizaje esperado: Cuenta colecciones.

64

Dibuja en cada cuadro las figuras hasta que obtengas el número indicado en cada recuadro.

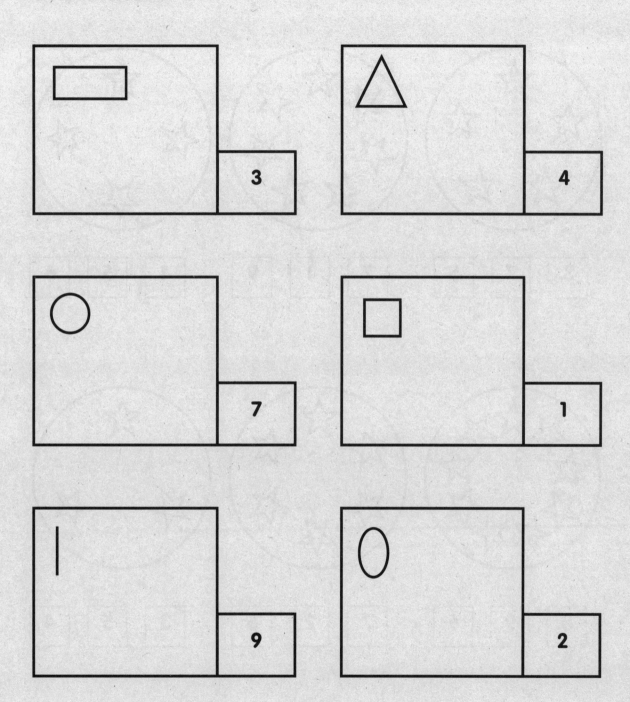

Colorea el cuadro del número que corresponde a la cantidad de estrellas de cada círculo.

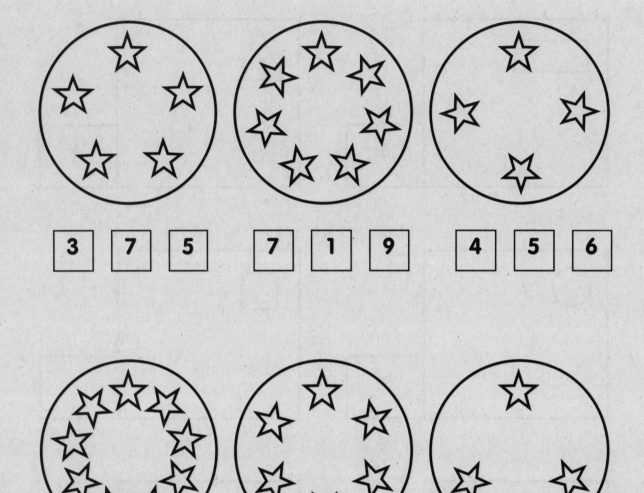

| 3 | 7 | 5 | | 7 | 1 | 9 | | 4 | 5 | 6 |

| 8 | 9 | 6 | | 7 | 2 | 6 | | 3 | 5 | 4 |

Aprendizaje esperado: Cuenta colecciones.

Encierra en un círculo la cantidad de dulces que se te piden y coloréalos.

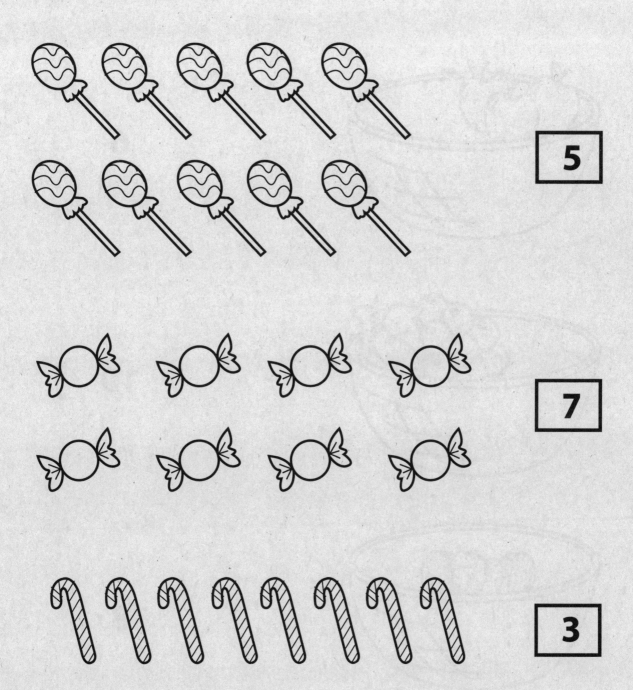

5

7

3

Pensamiento matemático

Dibuja a cada canasta las frutas que le hacen falta para que tenga el número que se indica.

6

10

8

Aprendizaje esperado: Cuenta colecciones.

Colorea como se te indica.

El círculo azul está a la derecha del círculo verde.

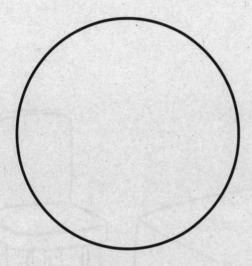 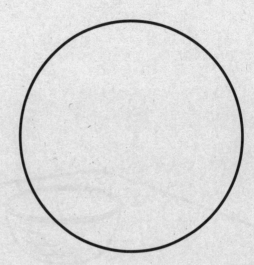

El triángulo rojo está a la izquierda del triángulo morado.

 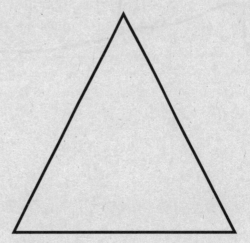

Aprendizaje esperado: Ubica objetos a través de la interpretación de relaciones espaciales.

Dibuja lo siguiente.

Una pelota abajo de la silla, una manzana arriba de la mesa, una fresa adentro de la canasta y un plátano afuera de la canasta.

Aprendizaje esperado: Ubica objetos a través de la interpretación de relaciones espaciales.

70

Dibuja el número de cosas que se te piden.

2 vagones al tren.

5 naranjas al árbol.

7 gusanos a la gallina.

Aprendizaje esperado: Cuenta colecciones.

Dibuja la cantidad de catarinas y mariposas de acuerdo al resultado.

	menos		**igual**	**3**

	menos		**igual**	**0**

Aprendizaje esperado: Resuelve problemas a través del conteo.

Dibuja la cantidad de balones de acuerdo al resultado.

$\Box$ **más** $\Box$ **igual** **6**

$\Box$ **más** $\Box$ **igual** **5**

Encierra en un círculo rojo los objetos que necesitan electricidad para funcionar. Relaciona los objetos con su silueta.
¿Sabes qué se debe hacer para ahorrar luz?

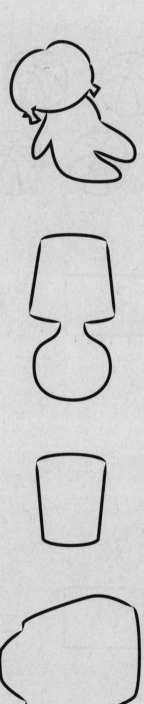

Aprendizaje esperado: Indaga acciones que favorecen el cuidado del medioambiente.

74

Durante el año hay 4 estaciones, ¿sabes cuáles son? Comenta con las personas que tengas a tu alrededor sobre la primavera, el verano, el otoño y el invierno.

Dibuja en la primavera flores, en el verano sol y gotas de lluvia, en otoño hojas de árboles y en invierno una montaña con nieve.

PRIMAVERA	VERANO
OTOÑO	INVIERNO

Aprendizaje esperado: Describe y explica las características que observa en la naturaleza.

Unos animales vuelan, otros nadan y otros caminan y corren. Relaciona con una flecha cada animal con el cuadro que le corresponde.

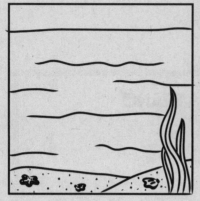  

En este zoológico están pasando cosas ¡muy extrañas! Encuéntralas y enciérralas en un círculo. Después explícale a un adulto tus respuestas.

Aprendizaje esperado: Comunica sus hallazgos al observar seres vivos.

Colorea lo que necesitas para protegerte del frío y prevenir que te enfermes.

Identifica las cosas que ensucian a las playas. Observa el primer dibujo y encierra en un círculo las tres diferencias que se encuentran en el segundo.

Aprendizaje esperado: Identifica y explica algunos efectos desfavorables de la acción humana sobre el medioambiente.

¿Sabes cómo sembrar una semilla? Sigue la secuencia y verás que es muy fácil. Colorea los dibujos.

Aprendizaje esperado: Ampliar su conocimiento en relación con plantas.

Hay días soleados y días lluviosos. ¿Qué le dibujarías al primer paisaje para que fuera un día soleado? ¿Qué le dibujarías al segundo paisaje para que sea un día lluvioso? Dibújalos.

Aprendizaje esperado: Describe y explica las características que observa en la naturaleza.

Observa los animales. ¿Sabes cuáles pueden vivir en una casa con personas? Enciérralos en un círculo.

Aprendizaje esperado: Describe y explica las características comunes que identifica entre seres vivos.

Une con una línea las aves que son iguales. ¿Qué tienen en común todas?

Aprendizaje esperado: Describe y explica las características comunes que identifica entre seres vivos.

¿Te gusta bailar? Existen diferentes tipos de bailables como éste que es de Veracruz. Si no lo conoces, pide a un adulto que te muestre un video. Colorea el dibujo.

Aprendizaje esperado: Reconoce y valora costumbres y tradiciones que se manifiestan en los grupos sociales a los que pertenece.

84

Menciona todo lo que sabes de los gatos: ¿dónde viven?
¿qué les gusta comer?
Colorea el gato que es diferente.

Aprendizaje esperado: Comunica sus hallazgos al observar seres vivos.

Este instrumento se llama piano, ¿lo has escuchado?, ¿te gusta? Pide a un adulto que te ponga a escuchar el sonido que emite, después colorea las teclas del piano de negro y blanco.

Aprendizaje esperado: Relaciona los sonidos que escucha con las fuentes sonoras que los emiten.

86

Estos niños están representando diferentes emociones, observa a cada uno y trata de reconocer cómo se sienten e imítalos.

Observa los dibujos y coloréalos del color que realmente son.

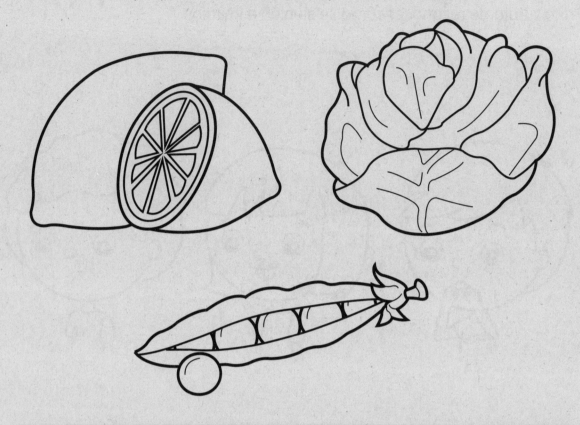

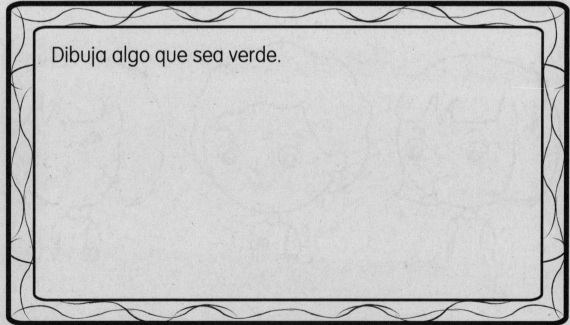

Dibuja algo que sea verde.

Aprendizaje esperado: Usa recursos de las artes visuales.

Observa los dibujos y coloréalos del color que realmente son.

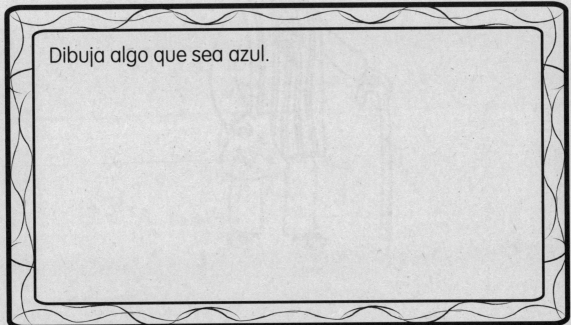

Dibuja algo que sea azul.

Aprendizaje esperado: Usa recursos de las artes visuales.

Artes. Expresión y apreciación

Este señor baila la Danza de los Viejitos. ¿Sabes cómo bailan esta danza? Saltan, pero inclinados como viejitos. Inténtalo y baila. Puedes buscar un video para ver cómo se baila.

Colorea los listones de su sombrero de colores y su traje color rojo.

Observa los siguientes dibujos y coloréalos del color que realmente son.

Dibuja algo que sea rosa.

Observa los siguientes dibujos y coloréalos del color que realmente son.

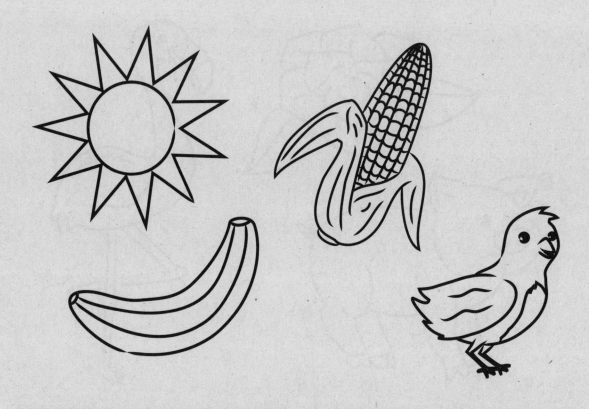

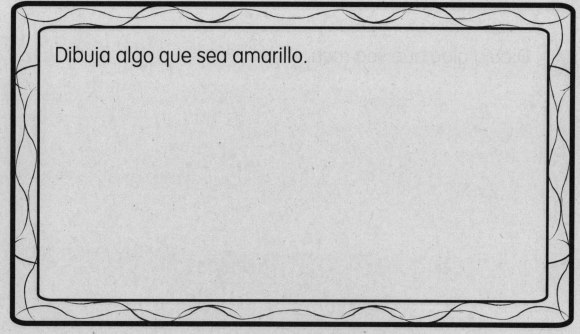

Dibuja algo que sea amarillo.

Observa los siguientes dibujos y coloréalos del color que realmente son.

Dibuja algo que sea rojo.

Aprendizaje esperado: Usa recursos de las artes visuales.

Observa los siguientes dibujos y coloréalos del color que realmente son.

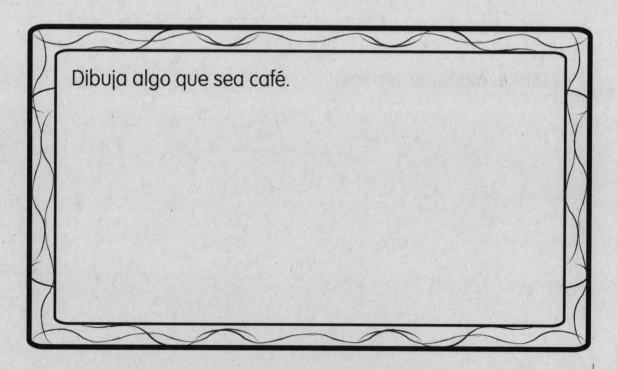

Dibuja algo que sea café.

Observa los siguientes dibujos y coloréalos del color que realmente son.

Dibuja algo que sea gris.

Aprendizaje esperado: Usa recursos de las artes visuales.

Relaciona con una línea los instrumentos que se parecen por su sonido y coloréalos.

Aprendizaje esperado: Relaciona los sonidos que escucha con las fuentes sonoras que los emiten.

96

Observa los siguientes dibujos y coloréalos del color que realmente son.

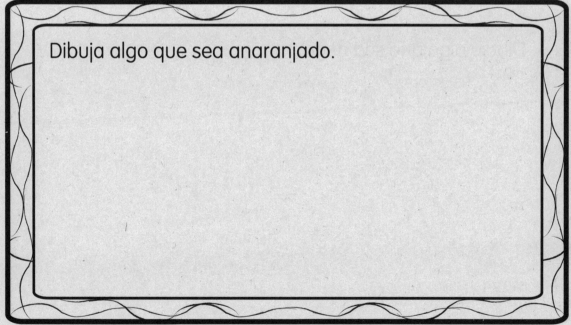

Dibuja algo que sea anaranjado.

Aprendizaje esperado: Usa recursos de las artes visuales.

Observa los siguientes dibujos y coloréalos del color que realmente son.

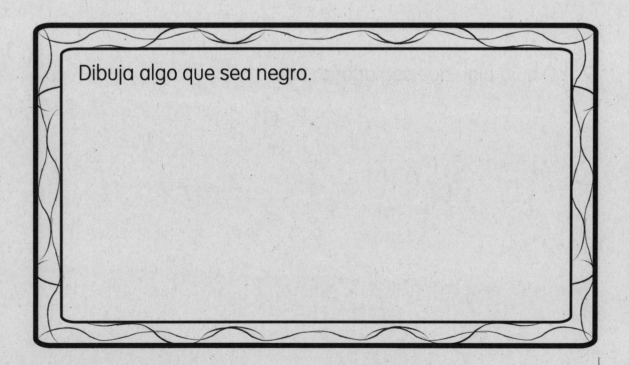

Dibuja algo que sea negro.

Aprendizaje esperado: Usa recursos de las artes visuales en creaciones propias.

Busca en una revista 5 objetos que sean de color blanco y pégalos aquí.

Aprendizaje esperado: Usa recursos de las artes visuales en creaciones propias.

¿Te has fijado que cuando las nubes están grises es porque va a llover? Traza sobre la línea uniendo los puntos como se te indica y después coloréalas.

Aprendizaje esperado: Utiliza materiales en actividades que requieren de control y precisión en sus movimientos.

100

Ayuda a los animalitos a llegar a su comida uniendo los puntos siguiendo la dirección de las flechas, después coloréalos.

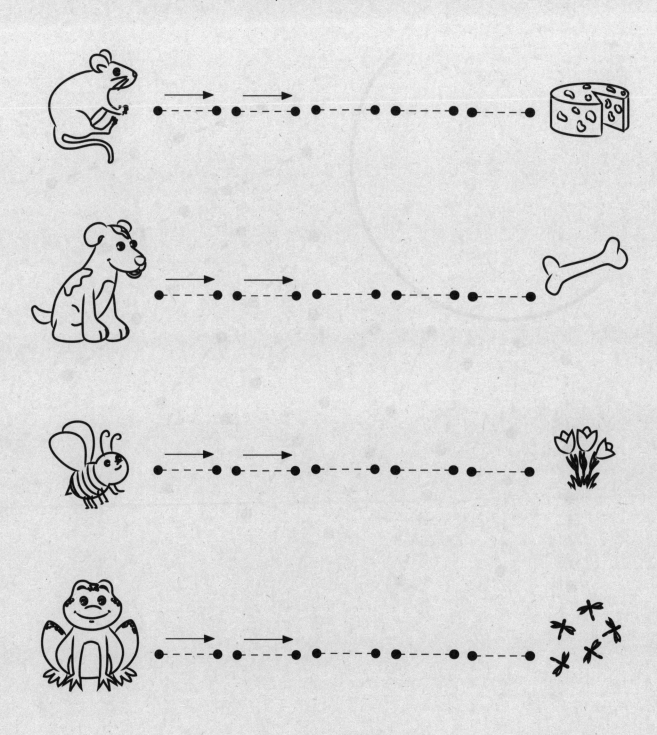

Aprendizaje esperados: Utiliza materiales en actividades que requieren de control y precisión en sus movimientos.

101

Traza los rayos del sol uniendo los puntos.

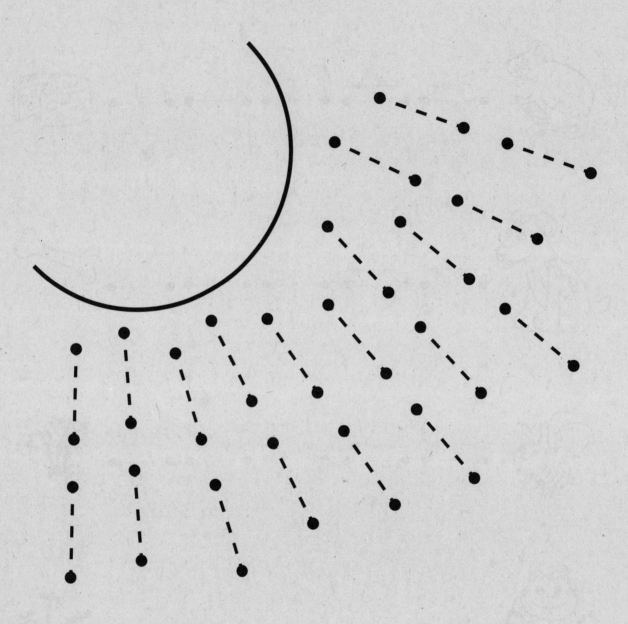

Aprendizaje esperado: Utiliza materiales en actividades que requieren de control y precisión en sus movimientos.

102

¿A dónde crees que va el tren? Traza el riel uniendo los puntos.

Aprendizaje esperado: Utiliza materiales en actividades que requieren de control y precisión en sus movimientos.

103

¿Te gustan los payasos? Traza sus sombreros uniendo los puntos.

Aprendizaje esperado: Utiliza materiales en actividades que requieren de control y precisión en sus movimientos.

104

¿Te gustan los globos? Obsérvalos y dibújalos para que queden iguales.

Aprendizaje esperado: Utiliza materiales en actividades que requieren de control y precisión en sus movimientos.

105

¿Sabes cómo cambian los animales cuando crecen? Para descubrirlo sigue el camino sin chocar.

Aprendizaje esperado: Utiliza materiales en actividades que requieren de control y precisión en sus movimientos.

106

Recorre el camino que siguió cada niño sin chocar, inicia donde indica la flecha.

Aprendizaje esperado: Utiliza materiales en actividades que requieren de control y precisión en sus movimientos.

Esta letra es la **a** de **a**rdilla. Menciona 3 palabras que empiecen con **a**, después traza las letras siguiendo la dirección de las flechas.

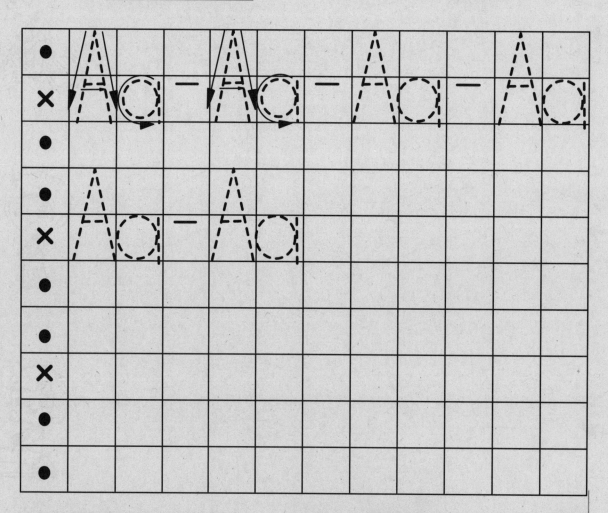

Aprendizaje esperado: Utiliza materiales en actividades que requieren de control y precisión en sus movimientos.

108

Esta letra es la **e** de **e**lote. Menciona 3 palabras que empiecen con **e**, después traza las letras siguiendo la dirección de las flechas.

E

e

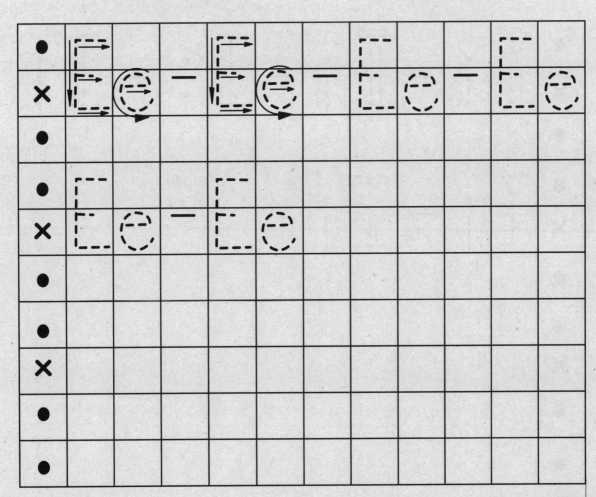

Aprendizaje esperado: Utiliza materiales en actividades que requieren de control y precisión en sus movimientos.

Esta letra es la **i** de **i**glú. Menciona 3 palabras que empiecen con **i**, después traza las letras siguiendo la dirección de las flechas.

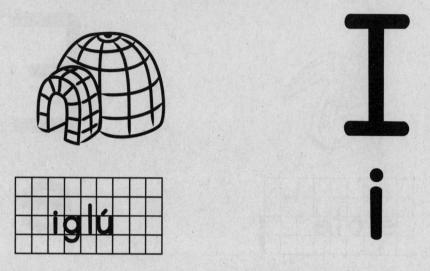

iglú

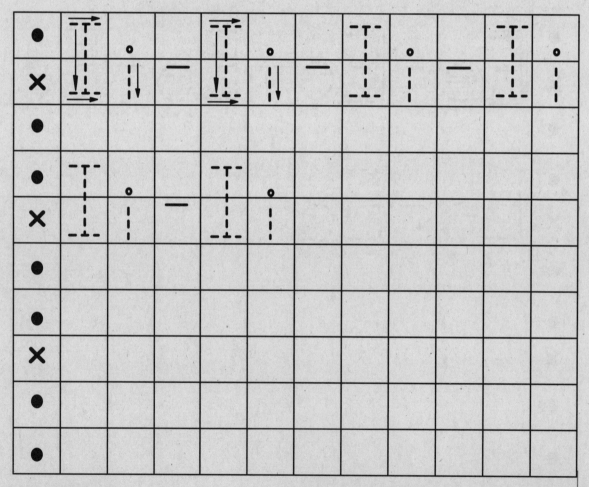

Aprendizaje esperado: Utiliza materiales en actividades que requieren de control y precisión en sus movimientos.

Esta letra es la **o** de **o**so. Menciona 3 palabras que empiecen con **o**, después traza las letras siguiendo la dirección de las flechas.

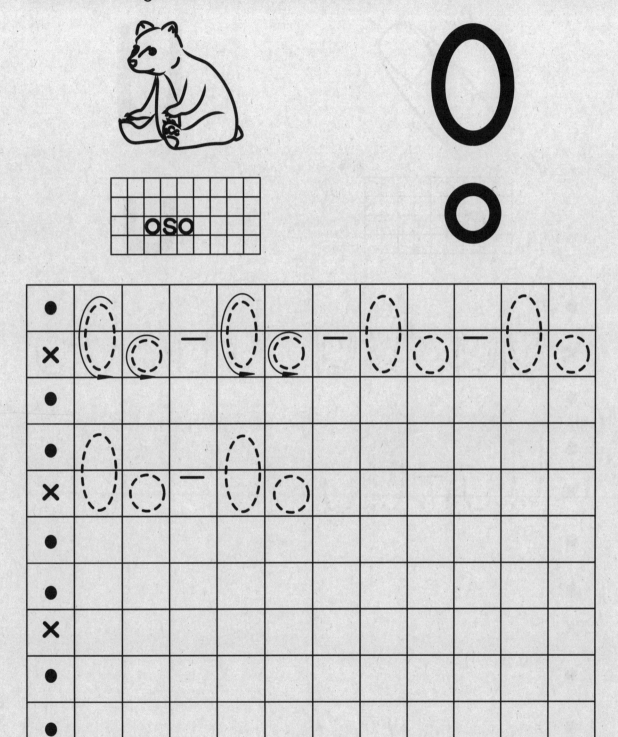

Aprendizaje esperado: Utiliza materiales en actividades que requieren de control y precisión en sus movimientos.

Esta letra es la **u** de **u**ña. Menciona 3 palabras que empiecen con **u**, después traza las letras siguiendo la dirección de las flechas.

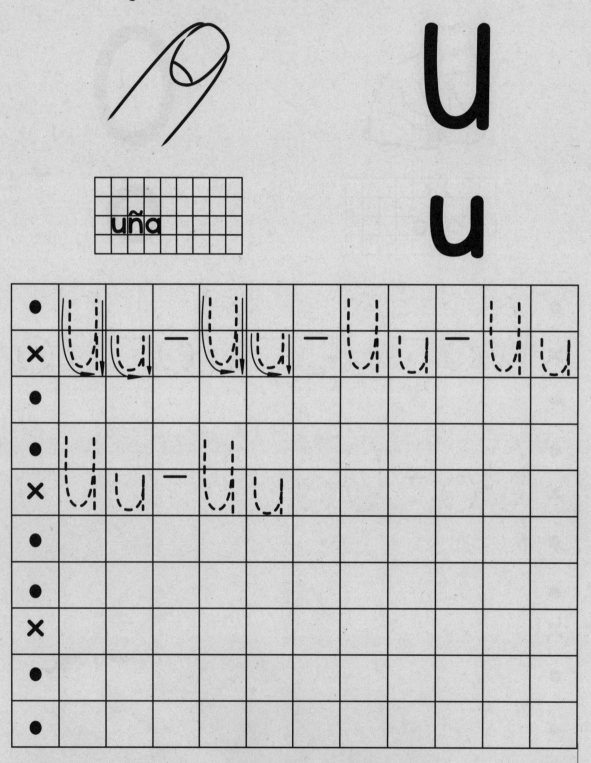

uña

Aprendizaje esperado: Utiliza materiales en actividades que requieren de control y precisión en sus movimientos.

112